BEI GRIN MACHT SICH IHR
WISSEN BEZAHLT

- Wir veröffentlichen Ihre Hausarbeit,
  Bachelor- und Masterarbeit

- Ihr eigenes eBook und Buch -
  weltweit in allen wichtigen Shops

- Verdienen Sie an jedem Verkauf

Jetzt bei www.GRIN.com hochladen
und kostenlos publizieren

Ernst Probst

Hildegard von Bingen. Die deutsche Prophetin

GRIN Verlag

Bibliografische Information der Deutschen Nationalbibliothek:

Die Deutsche Bibliothek verzeichnet diese Publikation in der Deutschen National-
bibliografie; detaillierte bibliografische Daten sind im Internet über http://dnb.d-
nb.de/ abrufbar.

Impressum:

Copyright © 2010 GRIN Verlag, Open Publishing GmbH
Druck und Bindung: Books on Demand GmbH, Norderstedt Germany
ISBN: 978-3-640-68869-2

Dieses Buch bei GRIN:

http://www.grin.com/de/e-book/156205/hildegard-von-bingen-die-deutsche-pro-
phetin

GRIN - Your knowledge has value

Der GRIN Verlag publiziert seit 1998 wissenschaftliche Arbeiten von Studenten, Hochschullehrern und anderen Akademikern als eBook und gedrucktes Buch. Die Verlagswebsite www.grin.com ist die ideale Plattform zur Veröffentlichung von Hausarbeiten, Abschlussarbeiten, wissenschaftlichen Aufsätzen, Dissertationen und Fachbüchern.

Besuchen Sie uns im Internet:

http://www.grin.com/

http://www.facebook.com/grincom

http://www.twitter.com/grin_com

Ernst Probst

Hildegard von Bingen

Die deutsche
Prophetin

Hildegard von Bingen (1098–1179)
gewidmet

Hildegard von Bingen (1098–1179),
Heilige und Kirchenlehrerin

Sie gilt als bekannteste Mystikerin des Mittelalters, „deutsche Prophetin" sowie Patronin der Sprachforscher und Naturwissenschaftler: Hildegard von Bingen (1098–1179). Die adlige Nonne wirkte als Naturforscherin, schreibende Ärztin, Heilerin, Komponistin, Malerin, Theologin, Mystikerin, Biologin, Psychologin und Äbtissin. Bereits zu Lebzeiten verehrte man sie wie eine Heilige und bezeichnete sie ehrfurchtsvoll als „Tischgenossin Gottes". Mehr als acht Jahrhunderte lang wurde sie aber nicht formell heiliggesprochen. Erst 2012 ernannte man sie zur Heiligen und zur Kirchenlehrerin.

Hildegard wurde irgendwann zwischen dem 1. Mai und dem 17. September 1098 als zehntes Kind des Hildebert von Bermersheim und seiner Ehefrau Mechthild von Merxheim geboren. Ihre rheinfränkische, edelfreie Familie nannte sich nach dem Dorf Bermersheim vor der Höhe bei Alzey. Der Vorname Hildegard bedeutete im Althochdeutschen „die kämpferisch Schützende").

Ihr Vater Hildebert und ihr Bruder Drutwin waren Vasallen der Grafen von Sponheim. Ihr Bruder Hugo wurde später Domkantor von Mainz. Zu ihren Verwandten gehörten auch Erzbischof Arnold I. von Trier (1159–1183) und Graf Ulrich von Ahr (1143–1197), der Erbauer der Nürburg im oberen Ahrtal.

Sowohl der Geburtsort als auch der Geburtstag von
Hildegard sind nicht bekannt. Sie und zeitgenössische
Biografen haben hierüber keine exakten Angaben
gemacht. Im Online-Lexikon „Wikipedia" heißt es, eine
Geburt oder zumindest Kindheit in Bermersheim vor
der Höhe sei wahrscheinlich. Denn ausgedehnter Besitz
der Familie von Hildegard aus Bermersheim vor der
Höhe sei in ihre spätere Klostergründung eingegangen
und in einem Dokument würden ein „Hiltebertus von
Vermersheim und sein Sohn Drutwin" (als Name von
Hildegards Bruder) erwähnt.

Manche Historiker vermuten, dass Hildegard nicht in
Bermersheim vor der Höhe in Rheinhessen, sondern
in Niederhosenbach oder Schlossböckelheim im Nahe-
land zur Welt kam. Von ihrem mutmaßlichen Domizil
in Schlossböckelheim ist heute nur noch eine Burgruine
inmitten von Weinbergen auf einem Felsvorsprung hoch
über einem Flussbogen der Nahe erhalten.

Getreu dem Motto „ein Zehnter für Gott" sollte die als
zehntes Kind ihrer Eltern geborene Hildegard ihr Leben
der katholischen Kirche widmen. Ihre Eltern weihten
sie angeblich Gott unter Seufzern.

Bereits in ihrem dritten Lebensjahr sah die sensible und
oft kränkelnde Hildegard ein so großes Licht, dass ihre
Seele erzitterte. Schon im Alter von fünf Jahren lieferte
sie eine Kostprobe ihrer hellseherischen Fähigkeiten,

als sie die genauen Schecken eines noch ungeborenen Kalbes vorhersagte.

1106 wurde die achtjährige Hildegard von ihren Eltern in einem verbindlichen Ritus für das Klosterleben bestimmt und zusammen mit der 14-jährigen Jutta von Sponheim (1092–1136), mit der sie verwandt war, in religiöse Erziehung gegeben. Jutta hatte bereits zwei Jahre zuvor im Alter von zwölf Jahren von dem Mainzer Erzbischof Ruthard (gestorben 1109) die Jungfrauen-weihe erhalten. Für drei Jahre übernahm die Witwe Uda von Göllheim die religiöse Erziehung der beiden Mädchen.

Hildegard sagte später hierzu: „In meinem achten Jahr aber wurde ich zu geistlichem Leben Gott dargebracht (oblata) und bis zu meinem fünfzehnten Jahr war ich jemand, der vieles sah und mehr noch einfältig aussprach, so dass auch die, welche diese Dinge hörten, verwundert fragten, woher sie kämen und von wem sie stammten."

Jutta von Sponheim, die selbst Erscheinungen erlebte, war die Erste, welche die Visionen von Hildegard ernst nahm. 1112 beschlossen die Beiden, zusammen mit einem dritten Mädchen in eine eigens für sie eingerichtete Frauenklause des erst 1108 gegründeten Benediktinerklosters auf dem Disibodenberg am Zusammenfluss von Glan und Nahe bei Odernheim

Teile eines Kreuzganges in der Klosterruine
auf dem Disibodenberg
bei Odernheim am Glan

einzutreten. Die feierliche Aufnahme erfolgte am 1. November 1112. Jutta von Sponheim legte an diesem Tag vor dem Abt Burchard ihr klösterliches Gelübde (Profess) ab. Der Mönch Peter Volmar vom Disibodenberg unterrichtete die junge Hildegard. Er würde später, als sie erwachsen war, ihr Sekretär

Laut Legende mauerte man die drei Mädchen in eine winzige, karge und fensterlose „Einsiedlerklause" auf dem Disibodenberg ein, die nur mit einer Durchreiche für Lebensmittel versehen gewesen sein soll. Auch auf dem Disibodenberg war Hildegard immer wieder krank, zeitweise kaum fähig zum Gehen und litt oft unter Sehbehinderungen.

Mit 16 Jahren entschied sich Hildegard für ein Leben im Kloster nach der Benediktus-Regel. Sie legte ihr klösterliches Gelübde (Profess) ab und erhielt von Bischof Otto von Bamberg (um 1060–1139), der von 1112 bis 1115 den inhaftierten Mainzer Erzbischof Adalbert vertrat, den Ordensschleier.

Ungeachtet ihres Beinamens „von Bingen" hielt sich Hildegard die längste Zeit ihres Lebens auf dem Disibodenberg bei Odernheim am Glan auf. Aus der dortigen Klause entwickelte sich allmählich ein Frauenkonvent, den Jutta von Sponheim als Meisterin (Äbtissin) leitete. Auch auf dem Disibodenberg hatte Hildegard weiterhin Visionen, die sie ver-

*Hildegard empfängt eine göttliche Inspiration
und gibt sie an ihren Sekretär Volmar weiter.
Miniatur aus dem Rupertsberger Codex
des „Liber Scivias Domini"*

unsicherten und die sie ihrer mütterlichen Freundin Jutta anvertraute.

Nach dem Tod der Jutta von Sponheim, die am 22. Dezember 1136 im Alter von 44 Jahren starb, wurde die inzwischen 38-jährige Hildegard zur Meisterin (Äbtissin) der Frauengemeinschaft auf dem Disibodenberg gewählt. Weil Hildegard die Askese, eine der Prinzipien des Mönchtums, mäßigte, kam es mehrfach zu Auseinandersetzungen mit dem Abt Kuno vom Disibodenberg. Sie lockerte in ihrer Gemeinschaft die Speisebestimmungen und verkürzte die durch Jutta von Sponheim festgelegten, sehr langen Gebets- und Gottesdienstzeiten.

„Im Jahr 1141 der Menschwerdung Jesu Christi" erlebte die 42 Jahre und sieben Monate alte Hildegard eine starke Vision. Sie sah ein stark funkelndes Licht aus dem offenen Himmel kommen, das ihr Gehirn, ihr Herz und ihre Brust ganz und gar durchströmte, gleich einer Flamme, die jedoch nicht brennt, sondern erwärmt. Plötzlich hatte sie die Einsicht in den Sinn und die Auslegung des Psalters, des Evangeliums und der anderen Schriften des „Neuen Testaments". Dieses Erlebnis deutete sie als Auftrag von Gott, all das, was sie mit ihrem „inneren Auge" sah, aufzuschreiben. Wegen dieser Erfahrung und unsicher darüber, was sie bedeutete, erkrankte Hildegard.

Ihren inneren Kampf schilderte sie später mit folgenden
Worten:
„Ich aber, obwohl ich diese Dinge hörte, weigerte mich
lange Zeit sie niederzuschreiben – aus Zweifel und
Missglauben und wegen der Vielfalt menschlicher Worte,
nicht aus Eigensinn, sondern weil ich der Demut folgte
und das so lange, bis die Geißel Gottes mich fällte und
ich ins Krankenbett fiel; dann endlich bewegt durch
vielerlei Krankheit ... gab ich meine Hand dem
Schreiben anheim. Während ich's tat, spürte ich .... den
tiefen Sinn der Heiligen Schrift; ich erhob mich so selbst
von der Krankheit durch die Stärke, die ich empfing
und brachte das Werk zu seinem Ende – eben so – in
zehn Jahren. ... Und ich sprach und schrieb diese Dinge
nicht aus Erfindung meines Herzens oder in irgend einer
anderen Person, sondern durch die geheimen Mysterien
Gottes, wie ich sie vernahm und empfing von den
himmlischen Orten. Und wieder vernahm ich eine
Stimme vom Himmel, und sie sprach zu mir: Erhebe
deine Stimme und schreibe also!"
Der britische Neurologe und Schriftsteller Oliver Sacks
erklärte die sehr bildliche Beschreibung der körperlichen
Zustände und der Visionen von Hildegard als Symptome
einer schweren Migräne, speziell wegen der von ihr
geschilderten Lichterscheinungen (Auren). Sacks und
andere Naturwissenschaftler vermuten, dass Hildegard

an einem Skotom litt, das diese halluzinatorischen Lichtphänomene bewirkte. Unter einem Skotom versteht man einen funktionellen oder bleibenden Ausfall des Gesichtsfeldes. Er gilt als Zeichen verschiedener Augenkrankheiten.

In Zusammenarbeit mit Propst Peter Volmar aus der benachbarten Benediktinerabtei Disibodenberg und ihrer Lieblingsnonne Richardis von Stade (um 1120– um 1154) begann Hildegard ab 1141, ihre Visionen und anthropologischen Vorstellungen niederzuschreiben. Die Äbtissin, die selbst nicht perfekt Lateinisch beherrschte, ritzte die Rohfassungen ihrer Texte in eine Wachstafel und der Mönch Volmar übertrug sie mit Tinte und Schreibfeder auf Pergament. Volmar wurde von Hildegard „symmista" („Miteingeweihter") genannt. Aus Unsicherheit über die göttliche Herkunft ihrer Visionen bat Hildegard 1147 in einem aufgewühlt klingenden Brief den berühmten Mönch Bernhard von Clairvaux (um 1090–1153) in Frankreich um seinen Rat. Bernhard war ein mittelalterlicher Abt, Kreuzzugsprediger, Mystiker und einer der bedeutendsten Mönche des Zisterzienserordens, für dessen Ausbreitung über ganz Europa er verantwortlich zeichnete.

Bernhard von Clairvaux beruhigte Hildegard und antwortete vorsichtig: „Wir freuen uns mit dir über die Gnade Gottes, die in dir ist. Und was uns angeht, so

Bernhard von Clairvaux (um 1090–1153)

ermahnen und beschwören wir dich, sie als Gnade zu
erachten und ihr mit der ganzen Liebeskraft der Demut
und Hingabe zu entsprechen Was können wir übrigens
noch lehren oder wozu ermahnen, wo schon eine innere
Unterweisung besteht und eine Salbung über alles
belehrt?"

Während der Reformsynode von Ende November 1147
bis Februar 1148 in Trier wurden Papst Eugen III. (gest.
1153) Abschriften der bis dahin von Hildegard
verfassten Texte vorgelegt. Nach dem Vorlesen aus der
Visionsschrift trat Bernhard von Clairvaux, dessen
Schüler Papst Eugen III. gewesen war, als Fürsprecher
der Äbtissin auf. Papst Eugen III. bestätigte daraufhin
die Rechtgläubigkeit Hildegards, die Übereinstimmung
mit der Bibel und den Kirchenvätern und ermunterte
sie, weiter aufzuschreiben, was sie sah und hörte und
dies kundzutun. Dies stärkte auch ihre politische
Bedeutung immens.

Nach der Zustimmung des Papstes war der Weg frei für
die Veröffentlichung des ersten Buches und Haupt-
werkes „Liber Scivias Domini" („Wisse die Wege des
Herrn") von Hildegard. Dieses Werk enthält 35
Miniaturen theologischen Inhalts, die äußerst kunstvoll
in leuchtenden Farben gemalt sind und hauptsächlich
zur Veranschaulichung des komplizierten und
tiefsinnigen Textes dienen. Die Rupertsberger Abschrift

Papst Eugen III. (gest. 1153)

des 1151 vollendeten Originals ist seit Ende des Zweiten Weltkrieges 1945 verschollen. Eine 1939 handgefertige Kopie davon befindet sich in der Benediktinerabtei Eibingen im Rheingau.

Nach einer anderen Vision trat Hildegard 1147 dafür ein, auf dem Rupertsberg an der Mündung der Nahe in den Rhein bei Bingen ein Frauenkloster errichten zu lassen. Der Rupertsberg ist nach dem heiligen Rupert von Bingen (um 712–732) benannt, den Hildegard verehrte und über dessen Grab sie ihr Kloster erbauen wollte. Diese Felsnase lag auf der linken Seite der Nahe und reichte einst bis an das Flussufer.

Auf den Rupertsberg wollte Hildegard mit der immer größer werdenden Frauengruppe des Benediktiner-klosters auf dem Disibodenberg ziehen. Gegen dieses Vorhaben wehrte sich der Abt Kuno vom Disiboden-berg, weil er dadurch eine Einschränkung seiner Macht und finanzielle Verluste befürchtete. Daraufhin legte sich Hildegard „wie ein Felsblock" krank ins Bett, ließ ihre Beziehungen zu ihrer reichen Adelssippe spielen und setzte sich durch.

Zwischen 1147 und 1152 entstand auf dem Rupertsberg der Bau eines Frauenklosters. Dort zog Hildegard 1150 mit 18 Nonnen vom Disibodenberg ein. Sie tauschte auf diese Weise die Enge des Nahetals mit der Weite des Rheingaus. 1151 weihte der Erzbischof Heinrich I.

Foto auf Seite 21:

*Die bemalte Pilgertafel aus Holz zeigt den heiligen Rupert von
Bingen (um 712–732) mit dem Pilgersymbol, der Jakobsmuschel.
Diese Tafel wird in der katholischen Pfarrkirche St. Rupertus
und St. Hildegard in Bingen-Bingerbrück aufbewahrt. Rupert
von Bingen ist der Patron von Bingen-Bingerbrück und Patron
der Pilger. Sein Gedenktag ist der 15. Mai. Laut Legende war
Rupert der Sohn des heidnischen Robolaus und der christlichen
Fürstentochter Berta. Nach dem Tod seines Vaters erzog ihn
seine Mutter christlich. Im Alter von 15 Jahren pilgerte Rupert
nach Rom. Nach der Rückkehr ließ er auf den Ländereien seiner
Familie Kirchen und Häuser erbauen. Zusammen mit seiner
Mutter lebte er auf dem nach ihm benannten Rupertsberg am
Naheufer nahe der Mündung der Nahe in den Rhein. Im Alter
von etwa 20 Jahren starb Rupert an einer Fieberkrankheit. Man
beerdigte ihn in der Kirche, die er und seine Mutter auf dem
Rupertsberg hatten erbauen lassen. Hildegard von Bingen verehrte
Rupert von Bingen ließ diese Kirche renovieren und errichtete dort
ihr Kloster Rupertsberg. Während des „Dreißigjährigen Krieges"
(1618–1648) hat man die Gebeine von Rupert von Bingen nach
Eibingen im Rheingau gebracht, 1814 auf den Rochusberg bei
Bingen. Sein Arm wird als Teil des Eibinger Reliquienschatzes
in der Pfarrkirche „St. Hildegard und St. Johannes der Täufer"
in Eibingen in einem gläsernen Reliquienschrank im südlichen
Kirchenschiff aufbewahrt.*

von Mainz (gest. 1153) die große dreischiffige Kirche des Klosters Rupertsberg ein. Dieses Kloster auf der linken Rheinseite nahm nur Frauen adliger Abstammung auf.

Gelegentlich musste Hildegard statt mit Männern auch mit Frauen streiten. Das war der beispielsweise der Fall, als ihr zwischen 1148 und 1150 die Äbtissin Tengswich von Andernach folgende Zeilen schrieb: „Von einem sonst nicht üblichen Brauch bei Euch drang etwas an unser Ohr: Daß nämlich Eure Nonnen an Festtagen beim Palmengesang mit herabwallendem Haar im Chor stehen. Auf dem Haupt haben sie goldgewirkte Kränze. Auch sollen die Finger der Schwestern mit goldenen Ringen geschmückt sein. Dies alles, obwohl der erste Hirte der Kirche solches verbietet, da er mahnt und sagt: Die Frauen sollen sich sittsam halten." Die kühle Antwort von Hildegard fiel kurz und bündig aus: „Für die Jungfrau (Nonne) besteht nicht die Vorschrift, die Schönheit ihres Haares zu bedecken." Zur Trennung von adligen und nichtadligen Nonnen bemerkte sie, ein konfliktfreies Zusammenleben der verschiedenen Stände sei schwierig.

1151 hatte Hildegard eine neue Auseinandersetzung mit geistlichen Amtsträgern. Der Mainzer Erzbischof Heinrich I. und der Bremer Erzbischof Hartwig I. von Stade (1118–1168) verlangten, Hildegards enge Vertraute

Richardis von Stade solle das neue Kloster Rupertsberg verlassen. Ausgerechnet Richardis, die gewissermaßen als persönliche Referentin bzw. Assistentin
von Hildegard agierte, deren Schönheit und Klugheit
sie beeindruckte und der sie in „voller Liebe" zugetan
war.

Die damals ungefähr 30 Jahre alte Richardis von Stade
war die Tochter der gleichnamigen Gräfin Richardis von
Stade (um 1090–1151), die Hildegard sehr bei ihrer
Klostergründung auf dem Rupertsberg geholfen hatte.
Außerdem war die junge Richardis die Schwester des
Bremer Erzbischofs Hartwig I., der ihr das Amt der
Äbtissin in Bassum bei Bremen vermitteln wollte. Doch
die 52-jährige Hildegard wollte ihre engste Mitarbeiterin
nicht verlieren und verweigerte deren Freistellung.

„In den Ereignissen um Richardis zeigt sich, dass auch
die große Prophetin ein Mensch aus Fleisch und Blut
war und in einer Situation großer Enttäuschung und
Verletzung allzu menschlich reagierte", heißt es auf der
Internetseite „Land der Hildegard". Als Richardis bat,
das Kloster Rupertsberg verlassen zu dürfen, war
Hildegard davon tief getroffen, enttäuscht und verletzt.
Nach Ansicht von Hildegard strebte Richardis aufgrund
ihrer vornehmen Herkunft nach der Würde eines
größeren Namens, um die Mutter einer vornehmen
Kirche genannt zu werden. Das begehre sie aber nicht

Sekretär Peter Volmar,
Hildegard von Bingen
und Richardis von Stade
(von links nach rechts)
auf einem Bild
in dem Werk
„Liber Divinorum Operum"

um Gottes, sondern um weltlicher Ehre willen. Über die wahren Gründe von Richardis erfährt man in der Literatur nichts.

Weil Hildegard ihre wichtige Mitarbeiterin Richardis nicht ziehen lassen wollte, wandte sich deren Bruder, der erwähnte Bremer Erzbischof Hartwig I., an seinen Mainzer Amtskollegen Erzbischof Heinrich I. Letzterer richtete an Hildegard mahnende Worte: „Dies tragen auch wir dir sowohl kraft der Autorität unseres geistlichen Amtes, als auch kraft unserer Vaterschaft auf und zwar erlegen wir es dir gebieterisch auf, dass du sie augenblicklich den Bittenden und Begehrenden zu Ihrer Leitung stellst".

Einer solchen Anweisung konnte sich Hildegard eigentlich nicht widersetzen, aber sie tat es dennoch und antwortete „im Namen Gottes": „Der klare Quell, der nicht trügerisch ist, sondern gerecht, spricht: Die Gründe, die für die Bevollmächtigung dieser jungen Frau angeführt wurden, sind vor Gott wertlos, denn ich, der Erhabene ... habe sie nicht geschaffen und gewählt, sondern sie ergaben sich aus der ungeziemenden Verwegenheit unwissender Gemüter".

Der Mutter von Richardis, der Gräfin von Stade, drohte Hildegard brieflich mit „bitteren Seufzern und Tränen" für den Fall, dass diese weiter „die Äbtissinnenwürde" für ihre Tochter „begehre". Doch alle Bemühungen von

Hildegard, den Verbleib von Richardis im Kloster Rupertsberg zu erreichen, blieben erfolglos. Richardis lehnte das Ansinnen ihrer adligen Familie nicht ab und brach nach Bassum auf, wo man sie als Äbtissin einsetzte.

Selbst in dieser aussichtslosen Lage gab Hildegard noch nicht auf und flehte den Bremer Erzbischof Hartwig I. brieflich an: „Jetzt höre mich, da ich unter Tränen und Drangsal zu deinen Füßen liege ... Schicke meine geliebte Tochter wieder zu mir zurück!" Auch diese eindringliche Bitte blieb unerhört.

Nun wandte sich Hildegard an die damals allerhöchste Instanz auf Erden, nämlich an Papst Eugen III. Doch dessen Antwort kam einer indirekten Absage gleich. Hildegard erkannte nun schmerzhaft, dass sie Richardis verloren hatte. In einem letzten Brief teilte Hildgard ihrer ehemaligen Mitschwester Richardis ihre Gefühle mit: „Schmerz steigt in mir auf. Der Schmerz tötet das große Zutrauen und den Trost, den ich an einem Menschen besaß. ... der Mensch (soll) sich nicht nach einer hochgestellten Persönlichkeit richten, der wie eine Blume vergeht. Das habe ich aus Liebe zu einem edlen Menschen außer Acht gelassen ... Nun sollen alle mit mir klagen, die Schmerz erleiden, der meinem Schmerz gleicht, die aus Gottesliebe solche Liebe im Herzen und in ihrem Gemüt zu einem Menschen trugen, wie ich sie dir gegenüber hegte. Er wurde ihnen in einem Augenblick entrissen, wie auch du mir abwendig gemacht wurdest ... Gedenke deiner unglücklichen Mutter Hildegard, damit dein Glück nicht versiege". Man kann sich ausmalen, wie sich die junge Äbtissin Richardis nach dem Lesen dieses anklagenden Briefes ihrer ehemaligen Vertrauten Hildegard fühlte.

Lange erfreute sich Richardis von Stade nicht an ihrem Amt als Äbtissin in Bassum. Sie starb bereits bald nach ihrem Amtsantritt einen plötzlichen und frühen Tod. Danach erhielt Hildegard einen Brief des Bremer Erzbischofs Hartwig I., in dem dieser die Nachricht über den Tod seiner Schwester übermittelte: „Ich melde dir, dass unsere Schwester, die meine, allerdings auch die deine ... den Weg allen Fleisches angetreten hat. Als sie alles in christlicher Gesinnung empfangen hatte (die letzte Ölung), verlangte sie aus ganzem Herzen unter Tränen nach deinem Kloster zurück".

Der plötzliche Tod von Richardis hat Hildegard sicherlich hart getroffen. Ungeachtet dessen zeigte sie noch immer kein Verständnis für die Entscheidung zu deren Weggang, was im Antwortbrief an den Bruder von Richardis, den Bremer Erzbischof, zum Ausdruck kam: „Höre! Gott nahm sie so eifersüchtig in Besitz, dass die Lust der Welt sie nicht umgarnen konnte. ... Die alte Schlange aber wollte sie trotzdem durch ihre

hohe Abkunft abspenstig machen. Doch der höchste
Richter zog diese meine Tochter an sich und entzog ihr
allen menschlichen Ruhm".

Die ersten Jahre auf dem Rupertsberg waren für
Hildegard und ihre Nonnen von Armut und
Entbehrungen geprägt. Denn der Abt Kuno vom
Disibodenberg weigerte sich, die abtrünnigen
Ordensfrauen auszuzahlen, obwohl sie ihre eigenen
teilweise durch Brautgaben finanzierten Besitzungen am
Disibodenberg hatten. Erneut legte sich Hildegard steif
und starr wie ein Felsblock ins Bett. Als dies nichts
nutzte, ließ sie sich 1152 auf ein Pferd heben und ritt
zum Kloster auf dem Disibodenberg. Dort
angekommen, rief sie den Mönchen entgegen: „Ihr seid
die schlimmsten Räuber. Wollt ihr in Eurem Widerstand
verharren und gegen uns mit den Zähnen knirschen,
wird Gottes Strafgericht Euch vernichten". Doch auch
von dieser Drohung ließ sich der Abt Kuno vom
Disibodenberg nicht einschüchtern. Gott bestrafte ihn
bald darauf angeblich mit einem plötzlichen Tod.

Der Nachfolger von Abt Kuno auf dem Disibodenberg
war kompromissbereiter als sein Vorgänger. Nach
dreijährigen Verhandlungen erfolgte die Unterzeichnung
eines Vertrages, der den Zwist beendete. Das Kloster
auf dem Rupertsberg war nun wirtschaftlich unabhängig
und die Äbtissin Hildegard mit aller Machtfülle

Kloster Rupertsberg um 1620
während des „Dreißigjährigen Krieges"

ausgestattet. Der Abt vom Disibodenberg durfte nur noch einen Mönch als Sekretär zum Rupertsberg schicken.

Auf dem Rupertsberg verfasste Hildegard neben Visionsschriften auch naturkundliche und medizinisch-heilkundliche Werke. Zwischen 1150 und 1160 entstanden der Band „Physica", in dem sie die Wechselwirkung zwischen Pflanzen, Elementen, Steinen und Metallen beschrieb, sowie das Buch „Causae et Curae" („Ursachen und Heilungen").

Krankheit war für Hildegard ein Defizit oder Ungleichgewicht, Gesundheit dagegen das Gleichgewicht der Seele. In ihren Werken „Physica" und „Causae et Curae" vertrat sie die Ansicht, dass Heil und Heilung des kranken Menschen allein von der Hinwendung zum Glauben ausgehen können. Denn der Glaube allein bringe gute Werke und eine maßvolle Lebens-Ordnung hervor. In ihren Büchern „Liber Simplicis Medicinae" und „Liber Compositae Medicinae" katalogisierte sie 280 Pflanzen und Bäume nach deren Nutzen für Kranke.

Für Hilfe- und Ratsuchende sowie Kranke diente das Kloster Rupertsberg als Anlaufstelle. Laut Legende soll Hildegard auf dem Rupertsberg mit Hilfe eines Engels einen Dämon vertrieben haben, der eine Frau befallen hatte. Dieses Ereignis wurde um 1670 auf einem Kupferstich und um 1770 auf einem Gemälde dargestellt.

Hildegard am Schreibpult.
Miniatuur aus dem Lucca-Codex
des „Liber Divinorum Operum"

Rote Vision:
Miniatur aus dem so genannten Lucca-Codex
des „Liber Divinorum Operum"

Vision der Schöpfung:
Miniatur aus dem so genannten Lucca-Codex
des „Liber Divinorum Operum"

Blaue Vision:
Miniatur aus dem Lucca-Codex
des „Liber Divinorum Operum"

Von 1158 bis 1163 schrieb Hildegard das Werk „Liber Vitae Meritorum" („Buch der Lebensverdienste"). Zwischen 1170 und 1174 folgte „Liber Divinorum Operum" („Buch der Gotteswerke"), eine poetische Schau der Werke Gottes für Welt und Mensch.

Obwohl Hildegard nie die Noten oder den Gesang erlernt hatte, schrieb und sang sie Lieder mit Melodien zum Lobe Gottes und der Heiligen. Sie schuf 77 religiöse Lieder, Antiphonen, Sequenzen und ein liturgisches Mysterienspiel namens „Ordo Virtutum" („Reigen der Tugenden"), in dem sie den ewigen Kampf zwischen Gut und Böse in 35 dramatischen Dialogen dar-stellte.

Die adlige Theologin Hildegard wurde europaweit um Rat gefragt und unternahm Predigtreisen, die sie nach Mainz, Würzburg, Bamberg, Trier, Metz, Bonn und Köln führten. Ihre Sorge galt vor allem dem Klerus, der damals zu verweltlichen drohte. Alle, die ein Vorsteheramt innehatten, warnte sie vor Härte und empfahl Barmherzigkeit und Maßhaltung.

Bei ihrer Predigt in Köln kritisierte Hildegard öffentlich den Klerus: „Ihr seid eine Nacht, die Finsternis ausatmet, und wie ein Volk, das nicht arbeitet. Ihr liegt am Boden und seid kein Halt für die Kirche, sondern ihr flieht in die Höhle eurer Lust. Und wegen eures ekelhaften Reichtums und Geizes sowie anderer Eitelkeiten

Kaiser Friedrich I. Barbarossa (um 1122–1190)

unterweist ihr eure Untergebenen nicht. Ihr solltet eine Feuersäule sein, den Menschen vorausziehen und sie aufrufen, gute Werke zu tun."

Als erste Nonne predigte Hildegard öffentlich dem Volk die Umkehr zu Gott. Sie trat selbstbewusst und charismatisch auf, bezeichnet sich selbst jedoch bescheiden als „ungebildet". Selbst im hohen Alter reiste sie noch zu verschiedenen Klöstern.

Hildegard führte eine umfangreiche Korrespondenz mit drei Päpsten, Bischöfen von Mainz bis Prag sowie Herrschern und Laien. Rund 300 ihrer Schriftstücke sind erhalten geblieben. Ihre offenen Worte und Ermahnungen gegenüber Kaiser und Papst gelten als besonders bemerkenswert. Dank ihrer adligen Herkunft sowie der Besetzung höchster Kirchenämter durch Verwandte fand sie Gehör.

Kaiser Friedrich I. Barbarossa (um 1122–1190) lud Hildegard 1163 zu einem Meinungsaustausch in seine nicht weit von Bingen gelegene Pfalz bei Ingelheim ein. Am 10. April 1163 stellte er ihr einen kaiserlichen Schutzbrief für ihr Kloster Rupertsberg aus, der die Sicherung der Besitzungen und die rechtliche Unabhängigkeit garantierte.

Hildegard ging 1168 mit Barbarossa scharf ins Gericht. Nach der Aufstellung des dritten Gegenpapstes (Kalixt III.) durch Barbarossa gegen Papst Alexander III.

schrieb die mutige Nonne dem Kaiser entzürnt: „Gib acht, dass der höchste König (Gott) dich nicht zu Boden streckt wegen der Blindheit deiner Augen".

Weil die Zahl der Nonnen im Kloster Rupertsberg ständig wuchs, erwarb die 67-jährige Hildegard 1165 ein 1148 gebrandschatztes Augustinerkloster auf der rechten Rheinseite in Eibingen bei Rüdesheim. In dieses Filialkloster durften auch nichtadlige Mädchen und Frauen eintreten. Hildegard setzte in Eibingen eine Priorin ein, behielt sich die Äbtissinnenwürde vor und fuhr zwei Mal in der Woche in einem Boot über den Rhein, um in Eibingen nach dem Rechten zu sehen.

Gemessen an ihrer Zeit war Hildegard eine moderne Frau: An Festtagen durften ihre klösterlichen „Töchter" für den Gottesdienst die engen Hauben abnehmen, ihre frisch gewaschenen Haare lang herabfallen lassen, sich schmücken, schöne Kleider anziehen, singen und tanzen. Zudem betrachtete sie Körperhygiene als Tugend und behandelte in ihren medizinischen Werken offen sexualmedizinische Probleme.

Auf Bitte des Abtes vom Disibodenberg verfasste Hildegard um 1170 eine Vita des heiligen Disibod (619–700). Dieser irische Mönch und Einsiedler hatte nach einem Traum am Zusammenfluss von Nahe und Glan eine Klause errichtet. Daraus ging später das Kloster Disibodenberg bei Odernheim am Glan hervor.

Im Alter von 75 Jahren erlebte Hildegard 1173 den Tod ihres treuen Sekretärs und Weggefährten, des Benediktinermönches Peter Volmar. Ihre Traurigkeit darüber durchbohrte ihre Seele und ihren Leib, heißt es. Als ihr die Mönche auf dem Disibodenberg keinen neuen Sekretär schicken wollten, legte sich Hildegard wieder einmal krank ins Bett und setzte sich durch. Ein Jahr später vollendete sie 1174 mit Hilfe ihres neuen Sekretärs, des Mönches Gottfried, ihr Werk „Liber Divinorum Operum" („Welt und Mensch"). Aus der „kleinen Posaune Gottes", wie sie sich selbst nannte, war eine große Prophetin geworden.

Gegen Ende ihres Lebens focht die 80-jährige Hildegard ihren letzten Kampf mit der katholischen Amtskirche aus. Sie ließ auf dem Friedhof ihres Klosters Rupertsberg einen wegen seiner Verbrechen exkommunizierten jungen Adligen beisetzen, der seine Sünden bereut und vom Dorfpfarrer die letzte Ölung erhalten hatte. Als die Kirchenbeamten im Erzbistum Mainz anordneten, der Leichnam müsse exhumiert und vor den Klostermauern verscharrt werden, weigerte sich die Äbtissin. Daraufhin verhängte das Erzbistum Mainz über das Kloster das so genannte Interdikt. Dabei handelt es sich um ein Verbot des Gottesdienstes, des Spendens der Sakramente und des Singens des Gotteslobs für ein Institut oder ein Territorium.

Papst Gregor IX. (1167–1241)

Die greise Äbtissin, für die Musik eine Quelle des Lebendigen und Teilhabe am himmlischen Gotteslob der Engel bedeutete, kämpfte energisch gegen dieses Verdikt. Erst legte sie sich krank ins Bett. Als dies nichts bewirkte, ritt die 80-Jährige – was man kaum glauben kann – nach Mainz, wo das Volk sie jubelnd empfing. Daraufhin wurde das Interdikt zunächst aufgehoben, aber dann wieder eingesetzt.

Erst kurz vor dem Tod von Hildegard war das Interdikt endgültig vom Tisch. Doch der nervenaufreibende Zwist mit den Mainzer Kirchenherren hatte stark an den Kräften der kämpferischen Äbtissin gezehrt. Ihr letzter Sekretär Wibert berichtete, dass Hildegard völlig abgemagert und so schwach war, dass sie beim Aufstehen von zwei Nonnen gestützt werden musste und unter der Last der ihr noch obliegenden Klosteraufsicht seufzte.

Hildegard starb am 17. September 1179 in den frühen Morgenstunden im Alter von 81 Jahren in ihrem Kloster auf dem Rupertsberg bei Bingen. Im Augenblick ihres Todes soll ein „strahlendes Licht" am Himmel erschienen sein, das weithin leuchtete und die nächtliche Finsternis vertrieb. Während ihrer Begräbnisfeier ereignete sich ein Wunder: Zwei Schwerkranke, die ihren Leichnam berührten, wurden geheilt. Man bestattete Hildegard zunächst im Kloster Rupertsberg.

Benediktinerinen-Kloster
in Eibingen (Rheingau)

*Hildegard-Schrein
in der Pfarrkirche von Eibingen*

Bereits zu ihren Lebzeiten hat man Hildegard wie eine Heilige verehrt. 1228 wurde ein erster Antrag auf Heiligsprechung gestellt. Papst Gregor IX. (1167–1241) hatte eine Untersuchung veranlasst, die aber keinen Abschluss fand. Wegen der Widerstände des bischöflichen Mainzer Stuhls dauerte das Verfahren so lange, dass selbst der letzte bekannte Versuch eines ordentlichen Kanonisierungsverfahrens unter Papst Innozenz IV. (um 1195–1254) im Jahre 1244 wegen dieser Widerstände des Mainzer Domkapitels ergebnislos blieb.

Das Kloster Rupertsberg wurde 1632 im „Dreißigjährigen Krieg" (1618–1648) von den Schweden zerstört. Danach brachte man Hildegards Reliquien zunächst nach Köln und später 1636 in die Eibinger Klosterkirche, die heutige Pfarr- und Wallfahrtskirche Sankt Hildegard.

1857 hat man den Felsen, auf dem einst das Kloster Rupertsberg gestanden hatte, mitsamt Ruinen gesprengt. Dies geschah für den Bau der Nahe-Eisenbahn.

Am 750. Todestag der Hildegard von Bingen wurden 1929 ihre Gebeine in einen neuen Schrein umgebettet. Dieses Behältnis stellt auf der Mitte der Schauseite die vier Kardinaltugenden dar und bildet die Heiligen Benedikt (den Ordensgründer der Benediktinerinnen), Petrus (als Fels der Kirche), Johannes den Täufer (den

Prozession beim Hildegardis-Fest in Bingen
im September 1929:
Die Gebeine der Hildegard von Bingen
werden im Hildegard-Schrein vorangetragen.
Im Hintergrund ist der Rhein zu sehen.

Wie Hildegard zur heiligen Jutta von Sponheim
auf den Disibodenberg geht.
Szene aus der Vita der Hildegard von Bingen
in der Abtei St. Hildegard in Eibingen.
Foto: Kurt Wichmann

*Wie Hildegard
auf den Rupertsberg bei Bingen zieht.
Szene aus der Vita der Hildegard von Bingen
in der Abtei St. Hildegard in Eibingen.
Foto: Kurt Wichmann*

Wie Hildegard
in Ingelheim zu Kaiser Barbarossa spricht.
Szene aus der Vita der Hildegard von Bingen
in der Abtei St. Hildegard in Eibingen.
Foto: Kurt Wichmann

Wie Hildegard
einen blinden Knaben heilt.
Szene aus der Vita der Hildegard von Bingen
in der Abtei St. Hildegard in Eibingen.
Foto: Kurt Wichmann

Wie beim Tode Hildegards
am Himmel Zeichen geschehen.
Szene aus der Vita der Hildegard von Bingen
in der Abtei St. Hildegard in Eibingen.
Foto: Kurt Wichmann

Rochuskapelle über Bingen am Rhein.
Im Altar dieser Kapelle
werden eine Rippe von Hildegard
und ein Stück ihres Ordensgewandes
aufbewahrt.

ersten Kirchenpatron Eibingens) und Rupert (den Patron
des Klosters Rupertsberg) ab.

Reliquien der Volksheiligen werden noch heute im
Hildegard-Schrein der neuen Klosterkirche Sankt
Hildegard in Eibingen aufbewahrt. Dieses Gotteshaus
ist am Gedenktag Hildegards, dem 17. September,
alljährlich das Ziel von Wallfahrern, die zur
Reliquienprozession kommen. In den Bogenfeldern auf
der linken Seite des Mittelschiffs sind Bilder aus dem
Leben der Hildegard von Bingen zu sehen, die von
Malermönchen der „Beuroner Kunstschule" Anfang des
20. Jahrhunderts geschaffen wurden. Eine Rippe von
Hildegard und ein Stück ihres Ordensgewandes
befinden sich im Altar der Rochuskapelle über Bingen
am Rhein.

Hildegard von Bingen fasziniert auch heute noch viele
Menschen. In ihrem 800. Todesjahr trug die „Arbeits-
gemeinschaft Katholischer Frauenverbände und -grup-
pen" 1979 in Rom schriftlich die Bitte um Anerkennung
von Hildegard als Kirchenlehrerin vor. Die „Deutsche
Bischofskonferenz" schloss sich dieser Forderung an.
Acht Jahre später lehnten die Kirchenfürsten in Rom
die Bitte um Anerkennung von Hildegard als Kirchenlehrerin ab. Ihre Begründung lautete, Hildegard sei noch
nicht heiliggesprochen, in der katholischen Kirche
würden „nur bedeutende theologische Denker" Kir-

Kirchenlehrerin Theresa von Ávila (1515–1582)

Kirchenlehrerin Katharina von Siena (um 1347–1380)

Kirchenlehrerin Thérése von Lisieux (1873–1897)

chenlehrer, nämlich „besonders wichtige Persönlich-
keiten", die sich durch „Rechtgläubigkeit, Heiligkeit des
Lebens und hervorragende Gelehrtheit" auszeichneten.
Bis dahin waren drei katholische Frauen zu Kirchen-
lehrerinnen ernannt worden: 1970 Theresa von Ávila
aus Spanien (1515–1582), 1970 Katharina von Siena (um
1347–1380) aus Italien und 1997 Thérèse von Lisieux
(1873–1897) aus Frankreich. Davon gelten die ersten
Zwei als herausragende Theologinnen, die zahlreiche
theoretische Schriften hinterließen. Letztere dagegen hat
nur wenig geschrieben, aber „Sie mühte sich, zu allem
Schweren ein frohes Ja zu sagen".

1980 wurde in Engelsberg (Schweiz) die „Internatio-
nale Gesellschaft Hildegard von Bingen" gegründet.
Ihr Bestreben ist es, die Botschaften der heiligen Hilde-
gard von Bingen für die heutige Zeit zu übersetzen.
Seit 1995 verleiht die „Landeszahnärztekammer
Rheinland-Pfalz" alljährlich den „Hildegard-von-
Bingen-Preis" für Publizistik. Die „Bundesvereinigung
Gesundheit" vergibt alljährlich die „Hildegard-von-
Bingen-Medaille".

1998 feierte das Ein-Personen-Stück „Eine Schwalbe
im Krieg" der Berliner Autorin, Schauspielerin und
Regisseurin Nadja Reichardt über das Leben von
Hildegard von Bingen auf der Theaterbühne seine
Premiere. Es wird seither alljährlich in Sakralbauten

wie dem „Französischen Dom" in Berlin und der „Dresdner Frauenkirche" aufgeführt. Davon existiert auch eine Hörspiel-Version.

2008 verfilmte die Regisseurin Margarethe von Trotta das Leben Hildegards unter dem Titel „Vision – Aus dem Leben der Hildegard von Bingen". Der Film, in dem Hildegard von der Schauspielerin Barbara Sukowa dargestellt wurde, kam am 24. September 2009 in die Kinos.

Als „große Frau und Prophetin" wird Hildegard von Bingen seit Langem von dem aus Bayern stammenden Joseph Ratzinger geschätzt, den man 2005 zum Oberhaupt der katholischen Kirche wählte. Papst Benedikt XVI. eröffnete in Generalaudienzen im September 2010 mit Hildegard eine Reihe über bedeutende Frauen in der Kirche. Sie spreche mit „großer Aktualität auch zu uns heute, mit ihrer mutigen Fähigkeit, die Zeichen der Zeit zu erkennen, mit ihrer Liebe zur Schöpfung, ihrer Medizin, ihrer Dichtung, ihrer Musik, die heute rekonstruiert wird". Mit diesem Lob würdigte der Papst die Äbtissin.

In Deutschland und Europa befassen sich zahlreiche Diplomarbeiten, Forschungsgruppen und Hildegard-Gesellschaften mit den Schriften und Werken der heiligen Hildegard. Auch in den USA und in Asien interessiert man sich stark für sie.

Albertus Magnus (um 1200–1280)

Im Jahre 2012 gingen die Wünsche vieler Katholiken, die große Sympathie für Hildegard von Bingen empfinden, endlich in Erfüllung. Papst Benedikt XVI. bestätigte am 10. Mai 2012 Hildegard als „Heilige der Universalkirche". Bei einer Messe auf dem Petersplatz in Rom am Sonntag, 7. Oktober 2012, zum Auftakt einer dreiwöchigen Bischofssynode, an der 300 Bischöfe und andere Kirchenführer teilnahmen, wurde Hildegard vom Papst zur Kirchenlehrerin ernannt. Benedikt XVI. erklärte, Hildegard habe „als bedeutende Gestalt des 12. Jahrhunderts" einen wertvollen Beitrag zur Entwicklung der Kirche ihrer Zeit geleistet. Sie habe sich als eine Frau von „lebhafter Intelligenz, tiefer Sensibilität und anerkannter Autorität" erwiesen. In ihrer Zeit habe sie sich gegen radikale Reformen gewandt, die das Wesen der Kirche verändert hätten. Hildegard sei deshalb noch immer „Prophetin" und von „herausragender Bedeutung und Aktualität".
Hildegard von Bingen gilt als die einzige Kirchenlehrerin, die man im selben Jahr zur Heiligen und zur Kirchenlehrerin erklärt hat. Sie ist nach dem in Lauingen geborenen Gelehrten und Bischof Albertus Magnus (um 1200–1280) der zweite Kirchlehrer aus Deutschland. „In Rom bedurfte es eines Papstes mit Mut (Kardinal Lehmann), um die „Kirchenkarriere" der heiligen Hildegard voranzutreiben", hieß es bei „Bild.de".

Buchautor Ernst Probst

Der Autor

Ernst Probst, geboren am 20. Januar 1946 in Neunburg vorm Wald im bayerischen Regierungsbezirk Oberpfalz, ist Journalist und Buchautor. Er arbeitete von 1968 bis 1971 als Redakteur bei den „Nürnberger Nachrichten", von 1971 bis 1973 in der Zentralredaktion des „Ring Nordbayerischer Tageszeitungen" in Bayreuth und von 1973 bis 2001 bei der „Allgemeinen Zeitung", Mainz. In seiner Freizeit schrieb er Artikel für die „Frankfurter Allgemeine Zeitung", „Süddeutsche Zeitung", „Die Welt", „Frankfurter Rundschau", „Neue Zürcher Zeitung", „Tages-Anzeiger", Zürich, „Salzburger Nachrichten", „Die Zeit", „Rheinischer Merkur", „Deutsches Allgemeines Sonntagsblatt", „bild der wissenschaft", „kosmos", „Deutsche Presse-Agentur" (dpa), „Associated Press" (AP) und den „Deutschen Forschungsdienst" (df). Aus seiner Feder stammen die Bücher „Deutschland in der Urzeit" (1986), „Deutschland in der Steinzeit" (1991), „Rekorde der Urzeit" (1992), „Dinosaurier in Deutschland" (1993 zusammen mit Raymund Windolf) und „Deutschland in der Bronzezeit" (1996). Ab 2000 veröffentlichte er eine 14 bändige Taschenbuchreihe über berühmte Frauen. Von 2001 bis 2006 betätigte sich Ernst Probst als Buchverleger.

Literatur

BADER, Hermann: Alle Heiligen und Seligen der römisch-katholischen Kirche, Wasserburg 1955

BÜCHNER, Christine: Hildegard von Bingen: eine Lebensgeschichte, Frankfurt am Main 2009

DIERS, Michaela: Hildegard von Bingen, München 2005

FICHTINGER, Christian: Lexikon der Heiligen und Päpste, Wien 1980

FILTER, Cornelia: Hildegard von Bingen. EMMA, 6, Köln 1997

FORSTER, Elisabeth (Herausgeber): Hildegard von Bingen. Prophetin durch die Zeiten. Zum 900. Geburtstag, Freiburg/Br. 1998

HAVERKAMP, Alfred: Hildegard von Bingen in ihrem historischen Umfeld. Internationaler Wissenschaftlicher Kongress zum 900-jährigen Jubiläum. 13. bis 19. September 1998, Bingen am Rhein, Mainz 2000

HEILIGENLEXIKON www.heiligenlexikon.de

HEINZELMANN, Josef: Hildegard von Bingen und ihre Verwandten. Geneaologische Anmerkungen. Aus: Jahrbuch für westdeutsche Landesgeschichte 23, S. 7-88, Koblenz 1997

HIRSCHER, Timm Maximilian: Posaune Gottes. 900 Jahre Hildegard von Bingen: Heilige und Guru.

Katholische Nachrichten-Agentur (KNA), 8. Juli 1997, Bonn

HÜMMELER, Hans: Helden und Heilige, Kempen 1979

MANNA, Peter (Herausgeber): Die Heiligen in ihrer Zeit, Mainz 1967

NEWMAN, Barbara: Hildegard von Bingen. Schwester der Weisheit, Freiburg/Br. 1995

PROBST, Ernst: Superfrauen 2 – Religion, Mainz-Kostheim 2001

SCHAUBER, Vera / SCHINDLER, Hanns: Die Heiligen und Namenspatrone im Jahreslauf, München 1998

SPERBER, Christian: Hildegard von Bingen. Eine widerständige Frau, Aichach 2003

SUDBRACK, Josef: Hildegard von Bingen. Schau der kosmischen Ganzzeit, Würzburg 1995

WIKIPEDIA (Online-Lexikon) http://wikipedia.org

Bildquellen

Reproduktion eines Gemäldes von Peter Paul Rubens um 1615, Original im Kunsthistorischen Museum, Wien: 53
Reproduktion eines kolorierten Kupferstiches von Christian Siedentopf 1847: 36
Hofmann, Bingen: 21 (via Wikimedia Commons), Lizenz: gemeinfrei (Public domain)
Kurt Wichmann/CC-BY3.0: 46, 47, 48, 49, 50 (via Wikimedia Commons), lizensiert unter CreativeCommons-Lizenz by-3.0-de
http://creativecommons.org/licenses/by/3.0/legal code
Mainzer Rad: 43 (via Wikimedia Commons), Lizenz: gemeinfrei (Public domain)
Manfred Heyde/CC-BY-SA3.0: 51 (via Wikimedia Commons), lizensiert unter CreativeCommons-Lizenz by-sa-3.0-de
http://creativecommons.org/licenses/by-sa/3.0/legalcode
Moguntiner/CC-BY-SA3.0: 42 (via Wikimedia Commons), lizensiert unter CreativeCommons-Lizenz by-sa-3.0-de
http://creativecommons.org/licenses/by-sa/3.0/legalcode
Robert Lechner (Reproduktion einer Miniatur aus dem Ruprechtsberger Codex des „Liber Scivias Domini"): 12 (via Wikimedia Commons), Lizenz: gemeinfrei (Public domain)

Bücher von Ernst Probst

Christl-Marie Schultes. Die erste Fliegerin in Bayern
Der Schwarze Peter. Ein Räuber im Hunsrück
und Odenwald
Elisabeth I. Tudor. Die jungfräuliche Königin
Julchen Blasius. Die Räuberbraut
des Schinderhannes
Franziska Streitel. Die Dienerin Gottes aus Franken
Frauen in der Luftfahrt
Königinnen der Lüfte
Königinnen der Lüfte von A bis Z. Biografien
berühmter Fliegerinnen, Ballonfahrerinnen,
Luftschifferinnen, Fallschirmspringerinnen und
Astronautinnen
Königinnen der Lüfte in Deutschland
Königinnen der Lüfte in Frankreich
Königinnen der Lüfte in England, Australien
und Neuseeland
Königinnen der Lüfte in Europa
Königinnen der Lüfte in Amerika
Sturzflüge für Deutschland. Kurzbiografie
der Testpilotin Melitta Schenk Gräfin
von Stauffenberg
(zusammen mit Heiko Peter Melle)
Königinnen des Films 1

Königinnen des Films 2
Königinnen des Films in Italien
Königinnen des Tanzes
Königinnen des Theaters
Machbuba. Die Sklavin und der Fürst
Malende Superfrauen
Maria Stuart. Schottlands tragische Königin
Meine Worte sind wie die Sterne. Die Entstehung
der Rede des Häuptlings Seattl
(zusammen mit Sonja Probst)
Pocahontas. Die Indianer-Prinzessin aus Virginia
Sturzflüge für Deutschland. Kurzbiografie der
Testpilotin Melitta Schenk Gräfin von Stauffenberg
(zusammen mit Heiko Peter Melle)
Tony und Bruno Werntgen. Ein Leben für die
Luftfahrt (zusammen mit Paul Wirtz)
Zenobia von Palmyra. Eine Frau kämpft
gegen die Römer

Superfrauen 1 – Geschichte
Superfrauen 2 – Religion
Superfrauen 3 – Politik
Superfrauen 4 – Wirtschaft und Verkehr
Superfrauen 5 – Wissenschaft
Superfrauen 6 – Medizin
Superfrauen 7 – Film und Theater
Superfrauen 8 – Literatur
Superfrauen 9 – Malerei und Fotografie

Superfrauen 10 – Musik und Tanz
Superfrauen 11 – Feminismus und Familie
Superfrauen 12 – Sport
Superfrauen 13 – Mode und Kosmetik
Superfrauen 14 – Medien und Astrologie
Superfrauen aus dem Wilden Westen

Rekorde der Urzeit. Landschaften, Pflanzen
und Tiere
Rekorde der Urmenschen. Erfindungen, Kunst
und Religion
Archaeopteryx. Die Urvögel aus Bayern
Der Ur-Rhein. Rheinhessen
vor zehn Millionen Jahren
Der Rhein-Elefant. Das Schreckenstier
von Eppelsheim
Deutschland im Eiszeitalter
Der Mosbacher Löwe. Die riesige Raubkatze
aus Wiesbaden
Höhlenlöwen. Raubkatzen im Eiszeitalter
Säbelzahnkatzen. Von Machairodus bis zu Smilodon
Der Höhlenbär

Monstern auf der Spur. Wie die Sagen über Drachen,
Riesen und Einhörner entstanden
Affenmenschen. Von Bigfoot bis zum Yeti
Seeungeheuer. Von Nessie
bis zum Zuiyo-maru-Monster

Der Ball ist ein Sauhund. Weisheiten und Torheiten über Fußball (zusammen mit Doris Probst) Worte sind wie Waffen. Weisheiten und Torheiten über die Medien (zusammen mit Doris Probst) Schweigen ist nicht immer Gold. Zitate von A bis Z Weisheiten der Indianer

Bestellungen bei www..grin.com